AF440337

La Politique du Maréchal

PAIX et TRAVAIL

La PAIX et les AFFAIRES

Puisque nous allons être appelés dans quelques semaines à nommer une nouvelle Chambre, il est temps d'en causer un peu, pour prendre un parti réfléchi, comme doivent faire les gens raisonnables.

L'ancienne majorité ayant déclaré la guerre au maréchal de Mac-Mahon et au Sénat, le Maréchal a dissous la Chambre. L'opposition nous conseille de réélire ses anciens députés ; le Gouvernement nous conseille au contraire de nommer des députés qui soient d'accord avec le Maréchal.

Qui faut-il croire ?

Pour nous décider là-dessus, il faut d'abord examiner le passé de ceux qui font appel à notre confiance, les services qu'ils ont rendus au pays.

D'un côté, le maréchal de Mac-Mahon ; de l'autre, l'ancienne majorité et M. Gambetta, son chef.

Il faut ensuite nous demander ce qui arrivera si nous donnons raison au Maréchal et ce qui arrivera si nous donnons gain de cause à l'opposition.

Le Maréchal

Celui-là, tout le monde le connaît.

C'est un soldat qui a gagné tous ses grades à la pointe de l'épée. Depuis quarante-cinq ans il se bat pour la France.

En Afrique, en Orient, en Italie, partout où il y avait un danger, on l'a vu exposer sa vie et verser son sang pour la patrie.

Il a toute la franchise d'un soldat. Nous pouvons donc nous fier à sa parole. Ce qu'il promet, il le tiendra ; ce qu'il dit, il le fera. Il n'a jamais menti, ni trompé. Il ne commencera pas.

Il a gouverné l'Algérie avec une grande capacité, également juste pour le colon et pour l'Arabe. Il s'est montré aussi bon administrateur que général courageux, et il s'est révélé comme un homme de sage progrès.

On prétend que le Maréchal est le chef d'un gouvernement clérical. Quelle plaisanterie !

Tout le monde sait bien qu'un vieux soldat qui fait la guerre depuis quarante-cinq ans n'est pas un clérical. Il a des sentiments religieux, comme vous, comme moi, comme tous les braves gens. Quand on a souvent vu la mort de près, on respecte Dieu. Il veut qu'on n'insulte ni la religion, ni les ministres du culte, et il a bien raison. Mais il veut aussi que chacun reste à sa place : le prêtre dans l'église, le maire dans la maison commune, et que chacun puisse croire ce qu'il veut, pourvu qu'il laisse les autres tranquilles. Est-ce qu'il ne l'a pas prouvé quand il a écrit sa fameuse lettre relative à la liberté de conscience pour les musulmans d'Algérie? La voici cette lettre :

Comme représentant du pouvoir, je déclare repousser hautement toute idée de refouler dans le désert les populations indigènes dont la France s'est engagée par des traités à respecter la religion et la propriété et dont les droits sont garantis par les lois. Non-seulement le Gouvernement repousse cette idée de refoulement, mais il fait tous ses efforts pour arriver à fusionner les races et à former, un jour, un seul peuple... Si les indigènes apprenaient que l'on veut les forcer à renoncer à leur religion et à quitter leur pays, ne se méfieraient-ils pas de la charité que nous leur faisons? Ne pourraient-ils pas dire **que nous voulons profiter de l'état de détresse où ils se trouvent pour leur faire acheter par le sacrifice de leur religion le pain que nous leur donnons?**

Ce n'est pas tout. Avez-vous réfléchi aux graves conséquences que peut avoir la proposition de mettre un peuple dans cette double alternative ou de changer de religion ou de quitter son pays? Si la justice et l'humanité ne nous défendaient pas d'avoir recours à de pareilles mesures, la prudence seule devrait nous l'interdire.

Et l'on voudrait nous faire prendre pour un **clérical** celui qui a écrit cette lettre, allons donc. Puisqu'il savait si bien respecter la liberté religieuse des Arabes, il saura à plus forte raison respecter celle des Français.

On a dit aussi que le Maréchal nous amènerait **la guerre.** Et pourquoi cela? Il a fait la guerre **trop** longtemps pour ne pas savoir ce qu'elle a **d'horrible,** et il a, comme on dit, son bâton de

Maréchal. N'avez-vous pas remarqué que, dans la vie ordinaire, les hommes les plus vigoureux sont les moins batailleurs? En politique, c'est la même chose : le plus courageux est celui qui redoute le plus la guerre pour son pays.

Les gouvernements de l'Europe le savent bien, et c'est pour cela qu'ils estiment le Maréchal de Mac-Mahon. Victor-Emmanuel a été son frère d'armes en Italie et les Allemands respectent leur courageux adversaire. Aussi quand, il y a deux ans, nous avons été à la veille d'avoir la guerre, c'est le Maréchal qui nous en a préservés. C'est grâce à la confiance qu'il inspire que les difficultés se sont aplanies.

Ce qu'il a fait, il y a deux ans, sans s'en vanter, — à tel point que vous n'en n'avez peut-être rien su, — il le fera de nouveau et il le fera d'autant mieux que nous lui donnerons une Chambre qui le fortifiera au lieu de l'affaiblir devant l'étranger. Si nous voulons la **paix**, nommons donc une bonne Chambre.

En fin de compte nous connaissons le Maréchal, nous savons d'où il vient, qui il est, et sa vie passée répond pour lui. Il n'est pas de ces gens qui promettent tout pour arriver et qui font le contraire quand ils sont au pouvoir. Voilà donc un homme en qui on peut avoir confiance. Parlons maintenant des autres.

L'ancienne Majorité

Son histoire est écrite en une ligne : *Beaucoup de bruit pour rien.* Elle a passé son temps à casser des élections, comme si elle avait voulu faire croire à l'Europe que le suffrage universel ne sait pas ce qu'il fait et que nous nous laissons mener comme des enfants. C'est bien flatteur pour nous tous! Ensuite, elle a insulté et provoqué la minorité. Elle aurait bien mieux fait de nous voter quelques bonnes lois et de décider l'exécution de quelques chemins de fer. Après tout, si nous nommons et si nous payons des députés, ce n'est pas pour qu'ils se disputent entre eux et qu'ils affaiblissent le pouvoir. On les nomme pour qu'ils travaillent au bien du pays. Tâchons donc cette fois de choisir des hommes pratiques qui fassent moins de longs discours et plus de bonne besogne.

Quant au chef de la majorité, c'est M. Gambetta. Il nous a coûté assez cher pour que nous le connaissions. C'est lui qui voulait la guerre à outrance.

On voit bien qu'il n'allait pas sur les champs de bataille et qu'il ne payait ni de son sang, ni de sa bourse. Aujourd'hui il fait le pacifique, mais comment voulez-vous que l'Europe puisse le croire?

Ses meilleurs amis ont insulté l'Empereur de Russie quand il est venu à Paris; chaque jour ils attaquent les principes qui sont les plus chers aux gouvernements de nos voisins. Voilà un joli chef à prendre pour avoir des alliés en Europe et pour persuader que nous voulons la paix!

Que ferait-il d'ailleurs s'il arrivait au pouvoir?

On l'a déjà vu à l'œuvre et c'est à l'œuvre qu'il faut juger l'artisan.

Lui qui parle tant de liberté, il n'a pas voulu faire les élections, et il a supprimé nos conseils généraux et nos conseils municipaux. Lui qui parle tant de la paix, il a fait la guerre à outrance, à ce point que M. Thiers l'a appelé fou furieux.

Son programme, nous le connaissons, il l'a donné à Belleville en 1869, et il ne le renie point. Il veut que le culte ne soit plus payé par le Gouvernement, c'est-à-dire qu'il veut fermer les églises. Il veut que tous les fonctionnaires soient à l'élection, ce qui ferait un beau gâchis. Il veut que l'armée soit remplacée par une grande garde nationale, ce qui ferait que nous serions tous soldats, toute notre vie, comme si nous n'avions pas autre chose à faire.

Allons, avec ces beaux parleurs à double langage, qui disent blanc pour avoir nos votes et qui font rouge quand nous les avons nommés, on ne peut jamais compter sur rien.

Comparons un peu

Pendant la dernière campagne, le maréchal de Mac-Mahon ne parlait pas de guerre à outrance et il se battait si bien qu'il a été blessé ; M. Gambetta, pendant ce temps, trouvait qu'on ne se battait jamais assez et faisait de la politique.

Le Maréchal n'a jamais menti, il n'a jamais rien promis sans le tenir ; M. Gambetta ne parle que de la liberté quand il est dans l'opposition, et il a été le plus rude des dictateurs lorsqu'il a eu le pouvoir.

Le Maréchal a une grande situation en France et en Europe : tous les souverains le connaissent, notamment Victor-Emmanuel, aux côtés duquel il a combattu en Italie ; aussi le Maréchal nous a conservé la paix depuis trois ans. M. Gambetta a prêché la guerre, ses amis ont insulté l'Empereur de Russie, et lui-même n'a pas une position sociale qui lui permette d'inspirer confiance aux Monarques qui gouvernent les autres peuples.

Le Maréchal veut l'ordre, le maintien de la Constitution, le respect de la loi, le progrès sage ; M. Gambetta est le chef de la révolution ; or, on sait ce que les révolutions nous ont déjà coûté.

Les travailleurs, les agriculteurs, tous ceux enfin qui concourent de leur mieux à la prospérité du pays savent à quoi s'en tenir sur ces grands réformateurs qui veulent tout changer ; à les croire, nos pères étaient des imbéciles qui ne savaient rien faire. Il faut labourer comme ceci, il faut semer comme cela. Un beau jour ils achètent un bien, et il ne faut pas trois ans pour qu'ils soient ruinés.

En politique, c'est la même chose avec cette différence que les réformateurs au lieu de se ruiner eux-mêmes ruinent les contribuables.

Il faut aimer le progrès, mais avant de changer les choses, il faut étudier et réfléchir. Celui qui veut changer à tort et à travers, sous prétexte de mieux faire que les autres, marche à la ruine et ne fait rien qui vaille.

Soutenons donc le Maréchal et entourons-le d'hommes capables qui aiment le progrès, mais

qui sachent que la prudence est la première
vertu qu'on demande à un mandataire. Quant aux
avocats, gardons-les pour plaider nos procès si
nous avons le malheur d'en avoir.. Ils nous coû-
teront encore assez cher !

Ce qui arrivera si les élections sont hostiles

Ce qui arrivera d'abord, c'est que les pouvoirs
publics, au lieu de s'accorder pour faire nos
affaires, passeront leur temps à lutter entre
eux.

Le Maréchal est nommé jusqu'en 1880. Il ne
s'en ira pas auparavant et il ne se séparera pas
de ses amis. Il l'a promis, il tiendra sa pro-
messe.

Le Sénat, qui approuve la politique du Maréchal, ne peut pas être modifié avant 1879.

Voilà donc deux pouvoirs qui marchent en-
semble.

Si la Chambre n'est pas d'accord avec eux, elle
pourra les contrarier, les gêner, les empêcher de
travailler, mais elle-même ne pourra rien faire.

Les affaires ne marcheront pas.

Les travaux n'iront pas.

L'argent se cachera.

La consommation diminuera, car lorsque les
affaires vont mal, chacun regarde à la dépense.

Et l'Europe se moquera d'un pays qui, au len-
demain de grands malheurs et à la veille de rece-
voir les étrangers invités à l'Exposition univer-

selle, donne le spectacle de la discorde. Aussi les étrangers se garderont bien de venir, car lorsqu'on va chez les gens ce n'est pas pour les voir se disputer. Voilà donc l'Exposition compromise.

Après trois ans de troubles, d'agitations, de malaise, le Maréchal s'en ira et alors nous aurons le gouvernement des radicaux avec le programme de Belleville.

A l'intérieur, ce sera la Commune à bref délai. On commencera par faire revenir l'Assemblée à Paris ; et comme on rétablira en même temps la garde nationale, l'Assemblée n'en aura pas pour longtemps. Un beau jour elle sera envahie, et voilà Paris, maître encore une fois de la France, dissolvant les conseils généraux, cassant les conseils municipaux, taillant et rognant sans nous consulter, comme on a fait en 1848 et au 4 Septembre.

A l'extérieur, ce sera certainement la guerre, car les autres gouvernements ne se soucient pas qu'on donne de mauvais exemples et de mauvais conseils à leurs peuples. Le jour où la Commune triomphera en France, nous aurons toute l'Europe sur les bras. C'est pour le coup que M. Gambetta pourra parler de la guerre à outrance.

Et qui est-ce qui payera les frais de la nouvelle Commune et de la nouvelle guerre ? Ce seront encore les gens de travail et d'économie, notamment les paysans.

Trois ans de troubles pour commencer, la Commune et la guerre pour finir, voilà ce que nous vaudraient des élections hostiles au Maréchal.

Sans doute il y a d'anciens députés qui ne sont

pas radicaux ; mais qu'est-ce que cela nous fait s'ils marchent avec les radicaux ?—Celui qui ouvre ma porte à mon ennemi me fait autant de tort que mon ennemi lui-même. Ceux qui ne sont pas d'accord avec les radicaux ne doivent pas aller avec eux, et rien ne les empêche de suivre le Maréchal, car le Maréchal ne repousse que les radicaux et ceux qui leur obéissent.

C'est comme lorsqu'on parle de M. Thiers pour l'opposer au Maréchal de Mac-Mahon.

D'abord le pouvoir n'est pas vacant, et il ne le sera pas avant 1880. M. Thiers, qui a aujourd'hui quatre-vingts ans bien sonnés, en aura alors quatre-vingt-trois, si Dieu lui prête vie. Combien de temps le garderions-nous?

Ensuite, si M. Gambetta parle de M. Thiers, c'est parce qu'il sait très-bien que M. Thiers n'aurait pas la majorité parmi les trois cent soixante-trois. Avant le vote, on nous parle de M. Thiers qui a rendu de véritables services au pays, pour nous rassurer un peu ; après les élections, il ne sera plus question que de M. Gambetta, qui est le véritable chef prétendant à remplacer le Maréchal.

Le meilleur moyen de ne pas nous tromper et de ne pas être trompés, c'est donc de voter pour les candidats du Maréchal. Ceux qui ne sont pas avec lui sont contre lui, et ceux qui sont contre lui sont les radicaux ou les précurseurs des radicaux, car il suffit aux hommes modérés de rompre publiquement avec les radicaux pour que le Maréchal les accueille.

Ce qui arrivera si la Chambre est conservatrice

Il arrivera que nous aurons trois ans de tranquillité pendant lesquels les pouvoirs, étant d'accord, feront les affaires du pays, au lieu de se quereller.

On dit que trois ans ce n'est guère, qu'il vaudrait mieux quelque chose de définitif et qu'il faut dire dès à présent ce que l'on fera dans trois ans.

Prenons toujours les trois ans, employons-les bien, nous verrons ensuite.

Puisque chacun a son idée sur le Gouvernement définitif et que le Maréchal est là pour trois ans, mettons-nous toujours d'accord pour vivre pendant ce temps-là. Après trois ans de calme, nous serons plus près de nous entendre.

A chaque jour suffit sa tâche. Ne nous disputons donc pas sur ce que nous ferons dans trois ans, et occupons-nous seulement de ce que nous avons à faire aujourd'hui, c'est-à-dire de nous assurer trois années de calme et de paix.

Que de choses un bon gouvernement peut faire en trois ans !

D'abord comme on s'occupera moins de politique, on abordera les questions d'affaires. On songera à exécuter les grands travaux publics qui profitent à tous et à chacun en particulier, et comme les pouvoirs publics seront d'accord rien ne les empêchera de mener à bien tous ces grands projets qui nous intéressent tous.

L'argent qui attend dans les caves de la Banque de France viendra commanditer les entreprises utiles.

L'Exposition universelle pourra avoir lieu. Les étrangers viendront en foule et apporteront dans le pays beaucoup d'argent dont tout le monde profitera.

L'Europe, enfin, rassurée par la présence au pouvoir de l'homme illustre qu'elle connaît et estime, et nous voyant occupés de nos affaires, ne doutera pas de nos sentiments pacifiques et ne songera pas à nous faire la guerre.

N'est-ce donc rien que de nous assurer tous ces biens pendant trois ans ?

Laissons dire les impatients et ne songeons qu'à fortifier le présent, car c'est encore le moyen le meilleur de préparer l'avenir.

En résumé :

Nous n'avons pas à choisir entre la République, l'Empire et la Royauté, puisque le sort du pays est fixé pour trois ans.

Nous avons à choisir entre trois ans de troubles et trois ans de calme; trois ans de calme qui nous prépareront à bien fonder un gouvernement définitif ou trois ans de troubles qui nous conduiront certainement à la Commune et à la guerre.

Voilà pourquoi le mieux à faire est de voter en masse pour les candidats du Maréchal. Voter pour ses candidats c'est voter pour la paix au dedans et au dehors.

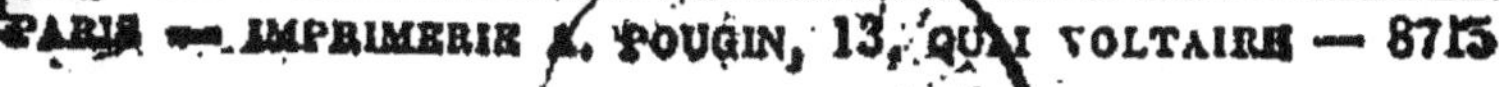

PARIS — IMPRIMERIE A. POUGIN, 13, QUAI VOLTAIRE — 8715